L'AUDIPHONE

PAR

J. HUGENTOBLER

DIRECTEUR-FONDATEUR DU PENSIONNAT DE SOURDS-MUETS
POUR L'ENSEIGNEMENT PAR LA PAROLE, A LYON.

Lu à la Société nationale de médecine de Lyon,
séance du 15 mars 1880.

LYON
HENRI GEORG, LIBRAIRE-ÉDITEUR
65, rue de la République, 65.

1880

L'AUDIPHONE

PAR

J. HUGENTOBLER

DIRECTEUR-FONDATEUR DU PENSIONNAT DE SOURDS-MUETS
POUR L'ENSEIGNEMENT PAR LA PAROLE, A LYON.

Lu à la Société nationale de médecine de Lyon,
séance du 15 mars 1880.

LYON
HENRI GEORG, LIBRAIRE-ÉDITEUR
65, rue de la République, 65.

1880

L'AUDIPHONE

En dehors du cornet acoustique, inventé pour concentrer sur la membrane du tympan les ondes sonores, comme les lunettes concentrent au point voulu, dans l'œil, les rayons lumineux, en dehors de cette petite conque, dont on a varié la forme à l'infini, on n'avait jusqu'ici aucun moyen pratique pour faire entendre un sourd, si ce n'était de lui vociférer dans le tuyau de l'oreille toute la conversation.

On a bien remarqué, cependant, depuis longtemps, et tout le monde sait que les os du crâne, que les parois solides de notre tête conduisent parfaitement les sons à l'organe de l'audition.

Basé sur cette observation, on vient d'inventer, en Amérique, un appareil appelé *audiphone*, qui a pour but de remplacer le cornet acoustique et de transmettre, pour le sourd-muet, les vibrations sonores avec des nuances qui lui permettent, dit-on, de distinguer l'origine et de leur attribuer le sens convenu.

L'audiphone a été inventé par M. R.-G. Rhodes, de Chicago, qui, vers la fin de 1879, prit une patente pour son appareil dont l'efficacité, au dire des journaux, fut constatée par un grand nombre d'expériences faites aux États-Unis durant les derniers mois de l'année écoulée.

Cet appareil est fort simple; il n'est autre chose qu'une large lame de caoutchouc durci, munie d'un manche de même matière; sa largeur est d'environ 25 centimètres et sa longueur de 30 cent. Les trois côtés du disque voisins du manche sont rectangulaires; le quatrième côté, opposé à la poignée, est découpé en arc de cercle.

Près du sommet de cet arc sont attachés des cordons qui aboutissent à une ouverture pratiquée en haut de la poignée. En tendant fortement ces cordons, on force la partie la plus éloignée du manche à se courber comme un voile tendu, et un petit encliquetage, fixé vers cette ouverture, permet de rendre la tension permanente.

En appliquant ensuite l'extrémité de la partie recourbée contre les dents de la mâchoire supérieure, les personnes sourdes devraient entendre les bruits avec une certaine sonorité, et les sourds-muets mêmes arriver à éprouver une sensation se dirigeant vers le centre nerveux et variant plus ou moins avec la nature des sons et leur intensité.

L'audiphone paraît donc appelé à rendre quelque service aux personnes atteintes de surdité, et, tout en admettant que les résultats pratiques obtenus jusqu'ici aient été exagérés par les journaux, il nous semble utile de les examiner et de compléter les expériences, comme on complétera et perfectionnera, sans nul doute, l'appareil en question lui-même.

Outre les prix exagérés des audiphones-Rhodes, qui se vendent, à Chicago, suivant leur grandeur, de 50 à 75 francs l'un, ils ont l'inconvénient de devenir fragiles par les temps froids, comme tous les objets en caoutchouc durci, du reste. M. D. Colladon, après avoir examiné l'instrument, et après avoir été personnellement convaincu de sa puissance pour recueillir les sons et pour les transmettre au cerveau, jugea que des appareils plus simples, composés d'autres substances, pourraient rendre les mêmes services acoustiques avec une dépense beaucoup moindre. Il fit, par conséquent, de nombreux essais sur des lames de nature diverse, bois, métaux, etc., et découvrit enfin une variété de carton mince, laminé, qui donne, selon votre honorable confrère, les mêmes résultats que le caoutchouc durci (1).

Ces cartons portent dans le commerce le nom de *carton à satiner* ou *carton d'orties*; ils sont remarquablement compactes, homogènes, élastiques et tenaces; ils sont aussi très-souples, et, pourvu que leur épaisseur ne dépasse pas un millimètre, une légère pression de la main suffit pour lui donner une courbure convenable, variable à volonté, sans fatigue pour la main ou les dents. Ainsi, un simple disque de carton, sans manche, sans cordons ni fixateur de tension, devient un audiphone tout aussi puissant que les appareils de caoutchouc de l'inventeur américain.

Nous venons de recevoir de Genève un audiphone, système Colladon, se vendant 4 francs. Il a déjà subi quelques changements de détails, ayant pour but, sans doute, de le rendre plus convenable et plus commode : filet de bois, pour le mieux retenir en bas; cordons, pour établir la courbe; couche de vernis à la partie supérieure de la feuille de carton, afin qu'elle ne s'humecte point par la vapeur d'eau de l'haleine; filet de vernis également sur les bords du carton, comme simple décor.

Nous nous sommes hasardé de dire plus haut que les ré-

(1) Voir Colladon, *Monde de la science*, du 14 février 1880.

sultats obtenus avec l'audiphone avaient été exagérés par les journaux, et, en effet, je le taxe d'exagération quand on affirme : « que les *sourds-muets*, munis de l'audiphone, discernent nettement les notes hautes des notes basses du piano; qu'ils distinguent les accords du piano de ceux du violon et du violoncelle; qu'ils suivent convenablement les paroles de leur interlocuteur, et que bon nombre d'entre eux entendent même les airs joués sur un piano ou un autre instrument et qu'ils en éprouvent une véritable jouissance. »

Nous nous garderons bien cependant de dénigrer la valeur de l'instrument de M. Rhodes, ou de ranger, de prime abord, les prétendus résultats dans le domaine de l'exagération ou du charlatanisme. Les expériences que nous avons faites avec nos élèves sourds-muets, depuis trois ou quatre semaines, nous montrent, en effet, qu'il y a au fond de la question quelque chose de bon et de sérieux, dont nous pourrons peut-être tirer un parti utile dans l'enseignement des sourds-muets d'après notre méthode, qui est celle de la parole articulée (1).

L'enfant sourd de naissance n'entendant pas les sons que nous devons lui apprendre à prononcer au début de notre enseignement, nous sommes obligé de les lui faire *voir et sentir*, et l'œil et le toucher ne suffisant pas complètement pour lui faire comprendre toutes les inflexions de la voix, son langage parlé conserve forcément une certaine monotonie qui frappe au premier abord. Nous cherchons donc, depuis longtemps, un moyen propre à faire comprendre au

(1) Voir *Lyon Médical*, n[os] du 14 février et du 21 mars 1875, et du 3 avril 1879, et *Revue du Lyonnais*, livraison d'avril 1878.

sourd les nuances de la parole, à lui donner une idée juste, non-seulement des *vibrations* produites par les sons, mais encore du *son* lui-même.

C'est en recherchant cette nouvelle voix de communication, plus facile et plus intime, entre le sourd-muet et l'entendant-parlant, que M. Bell, professeur de sourds-muets à New-York, est arrivé à construire le téléphone, et c'est encore pour les sourds-muets que M. G.-R. Rhodes a inventé l'audiphone qui nous occupe aujourd'hui. Vous comprenez donc sans peine, Messieurs, avec quel intérêt nous nous sommes mis à l'étude de l'audiphone et des principes sur lesquels est basée son action, et nous aurions été on ne peut plus heureux si nous avions pu confirmer, sans réserve, les résultats magnifiques que l'on dit avoir obtenus ailleurs.

N'ayant point encore eu la bonne fortune de mettre la main sur un audiphone-Rhodes, construit, comme on sait, en caoutchouc durci, nous avons basé nos expériences principalement sur des lames de *carton d'orties* ou *carton à satiner* que nous avons trouvé, comme M. Colladon, d'une élasticité, d'une ténacité et d'une homogénéité toutes particulières.

Voici les degrés de surdité des enfants sur lesquels nous avons fait nos expériences avec l'audiphone : Chez trois d'entre eux l'atrophie du nerf auditif est absolue ; deux éprouvent une sensation vague quand on leur parle avec force à l'oreille, à l'aide du cornet acoustique ordinaire; trois autres entendent vaguement les voyelles de la même manière, sans les distinguer cependant les unes des autres, et le dernier enfin les entend véritablement et les répète à volonté.

Observons ensuite que nous avons fait complètement abstraction des sensations produites par les vibrations du parquet, couvert ou non de tapis, vibrations qui se sentent par les pieds, les jambes et le creux de l'estomac, et que, durant tous les exercices, les enfants ont eu les yeux constamment et convenablement couverts, de sorte que nous ne parlons ici que des vibrations transmises directement à la tête et de là au centre nerveux, par les oreilles et la bouche ou les dents et les os du crâne.

Les résultats obtenus avec l'audiphone auprès de nos élèves sont les suivants :

a) Pour les trois premiers, d'une surdité absolue, à 1m,50 du piano, pour les notes basses et avec pédale :

Sans audiphone : aucune sensibilité.

Avec audiphone : un chatouillement dans les dents et les joues, sans transmission vers le crâne.

b) Pour les deux suivants, ayant une sensation vague de la parole prononcée avec force dans le cornet acoustique, pour même jeu et même distance :

Sans audiphone : sensation nulle.

Avec audiphone : chatouillement dans les dents et les joues, bruits confus, transmission vers les os du crâne et le centre nerveux ; expression de surprise et d'étonnement.

c) Pour les trois enfants entendant indistinctement les voyelles par le cornet ordinaire :

Sans audiphone : bruits confus pour les notes basses, les notes hautes disparaissent.

Avec audiphone : forte impression pour les notes basses, sensibilité pour les notes hautes. Les enfants indiquent le rythme et comptent juste les sons frappés avec force, isolément et à des intervalles inégaux. Satisfaction visible en sentant ou entendant le jeu courant du piano ou du violoncelle.

d) Enfin, pour le dernier élève, entendant bien les voyelles par le cornet acoustique :

Sans audiphone : le jeu courant du piano l'attire et l'intéresse, il penche l'oreille vers l'instrument.

Avec audiphone : il paraît être plus frappé par le jeu et le mieux comprendre. Nous inclinerions à croire qu'il est arrivé à avoir une vague notion, non-seulement de la mesure, mais encore de la cadence et de l'harmonie.

Pour le violoncelle, les observations sont à peu près identiques à celles faites sur le piano. Le violon n'a du succès, à l'aide de l'audiphone, qu'avec les enfants des deux dernières catégories, et surtout pour les deux grosses cordes. En jouant alternativement et fort sur les cordes hautes et basses, deux d'entre eux prétendent entendre distinctement *i* et *a*. En passant l'arc rapidement sur toutes les cordes, ils croient entendre le roulement de *r*.

En se servant de l'audiphone, le chant sans accompagnement instrumental, ainsi que le langage de la conversation, ne produit sur les élèves aucun effet sensible. Les voyelles et quelques consonnes sonores et vibrantes comme *v*, *m*, *n*, *l*, et *r* ; les consonnes dures *p*, *t*, et *k*, prononcées avec force et tout près de l'audiphone, sont saisies nettement par les uns, vaguement par les autres et ignorées des plus sourds. Ajoutons cependant ici, que *tous les enfants sourds-muets ayant appris à parler sentent fort bien ces mêmes sons et encore d'autres, plus délicats, sur le larynx ou sur le dos de leur main, sans recourir à la vue*, fait qui influe naturellement beaucoup sur la portée à attribuer à ce dernier résultat obtenu par l'audiphone.

Remarquons encore que, pour le sourd-muet, en général, le fil métallique, long de plusieurs mètres et dont l'un des bouts est placé sur l'instrument vocal et l'autre entre les dents de l'individu, produit une sensation bien plus intense que l'audiphone tel que nous le connaissons aujourd'hui. Un avenir prochain nous dira, sans doute, si ces ondulations de natures différentes rappellent au sourd-muet les mêmes impressions, ou si elles arrivent au cerveau avec des nuances particulières; en d'autres termes, il nous montrera si l'audiphone ne produit *qu'une vibration purement mécanique*, dans le cerveau du sourd-muet, ou si, réellement, il y réveille l'*idée du son.*

Nous avons eu la satisfaction d'observer encore deux personnes ayant simplement l'ouïe dure et étant en pleine possession de la parole. Munies de l'audiphone, elles nous ont paru mieux entendre qu'à l'ordinaire; mais, malheureusement, il ne nous a pas été permis de les étudier assez longtemps pour nous éclairer complètement sous ce rapport.

Enfin pour me mettre moi-même un peu dans le cas d'un individu entendant difficilement, je me suis bouché hermétiquement les deux oreilles à plusieurs reprises, afin de constater, si possible, une différence entre les mêmes sons arrivant au cerveau avec ou sans le concours de l'audiphone. Cette expérience est restée sans aucun résultat. Nous ne voudrions pas cependant tirer de ce fait une conclusion en défaveur de la nouvelle invention, car mon oreille interne fonctionnant sans entraves, je ne pouvais, dans l'état indiqué, être sérieusement comparé à une personne sourde.

Nous avons dit plus haut que l'audiphone, dont nous connaissons maintenant les vertus en principe, sera probablement perfectionné, et nous donnera sans doute plus tard des résultats plus positifs.

Quoique, jusqu'ici, le carton à satiner et le caoutchouc

durci nous aient paru le plus aptes à transmettre les ondes sonores, et nous aient donné de meilleurs résultats que des lames en bois ou en métal, il n'est point dit, cependant, que nous ne finissions par trouver un autre corps solide plus propre à la transmission du son. Car le caoutchouc, aussi bien que le carton, n'est, en définitive, qu'une matière pétrie, mâchée, sans fibres continues, et nous savons tous que la qualité du bois de violon et de flûte, par exemple, influe considérablement sur la netteté et la pureté du son de l'instrument. Quant aux métaux, l'aluminium est très-maléable, très-résistant, doux au contact, fort léger, d'une homogénéité parfaite, et il pourrait également nous rendre service dans le perfectionnement de l'audiphone. Le premier et le plus grand inconvénient pour l'emploi de lames de bois ou d'aluminium suffisamment minces, ce serait peut-être leur résonnance et leur délicatesse extrême qui les rendrait à peu près impropres pour un usage journalier.

En fabriquant des disques de carton ou de caoutchouc dont l'épaisseur irait en décroissant de la base au sommet de l'arc, ou en combinant les effets de lames multiples conjuguées, comme dit M. Colladon, on arriverait probablement encore à des résultats meilleurs.

Pour nos essais, nous avons fait confectionner toute une série de disques semblables et de grandeurs différentes, variant de 20 à 40 centimètres de base sur 27 à 50 centimètres de hauteur. Tout en reconnaissant que, dans ces limites, la puissance de l'audiphone s'accroît avec sa surface, nous avons constaté, néanmoins, que cette augmentation n'est point proportionnelle à l'étendue du disque. Il nous paraît même probable que les meilleures dimensions se trouvent entre 26 à 30 centimètres de large sur 35 à 40 cent. de haut,

Nous avons aussi varié de bien des manières la forme de ces lames vibrantes, pour vérifier laquelle entre toutes pourrait être la plus propre à la transmission des ondes sonores, et nous en avons trouvé une qui nous paraît préférable à celle adoptée jusqu'ici.

Comme il s'agit de faire arriver sur la lame élastique le plus d'ondes sonores possible et de les concentrer sur le bout de l'arc qui est en contact direct avec les dents de la mâchoire supérieure, nous avons fait faire des lames dont les deux côtés montants sont inclinés l'un contre l'autre et forment, avec la base horizontale, un angle d'environ 75 à 80 degrés. La petite base du trapèze ainsi formée est surmontée d'un arc de cercle dont le rayon est d'environ 15 centimètres. Les angles aigus à la base sont légèrement arrondis, pour mieux résister à l'usure du carton et pour en rendre le maniement plus commode. (Modèle Hugentobler.)

Enfin, il serait peut-être utile de rabattre les bords allant de la base vers l'arc appuyé contre les dents, afin de recueillir les ondes sonores venant des côtés et qui, actuellement, se perdent en se glissant sous la courbe.

Voici les conclusions par lesquelles nous allons résumer nos observations pratiques sur l'audiphone et son utilité pour les personnes frappées de surdité :

1° L'audiphone recueille les ondes sonores et les transmet, soit modifiées, soit dans toute leur pureté, aux dents et de là aux os du crâne et au cerveau, et ainsi, il peut remplacer, pour certaines personnes frappées de surdité, le cornet acoustique ordinaire;

2° Il existe une proportion constante et graduelle entre la sensibilité du nerf acoustique et les résultats obtenus avec l'audiphone, et cela pour tous les instruments de musique :

le piano, le violoncelle et le violon tout aussi bien que pour le chant accompagné du piano et la parole ordinaire.

3° L'audiphone, tel que nous le connaissons actuellement, ne peut rendre de services bien réels aux véritables sourds-muets, car ses ondulations ne sont pas assez fortes pour arriver distinctement comme *sons* jusqu'au centre nerveux.

4° *Éprouver une sensation*, un tressaillement vague dans les dents, les os du crâne, au centre nerveux et *entendre* étant deux choses bien différentes, nous ne pouvons croire que l'audiphone fasse comprendre jamais au sourd-muet une pièce de musique ou une conversation intime, mais nous nous plaisons à voir en lui un instrument qui, perfectionné, nous permettra peut-être un jour de donner à ce même sourd-muet une idée exacte du son isolé, ce qui nous aidera à faire disparaître à peu près complètement la monotonie du langage du sourd-parlant.

OUVRAGES DU MÊME AUTEUR

J. HUGENTOBLER. **Quelques mots sur la méthode d'articulation dans l'enseignement des sourds-muets.** H. Georg. Lyon, 1874. Prix : 0 fr. 50.

Idem. **Du sourd-muet de naissance et de son développement intellectuel.** — Chez l'auteur, Lyon 1876. Prix : 0 fr. 50.

Idem. **Cours d'articulation pour l'enseignement des sourds-muets.** Ch. Delagrave. Paris 1876, Prix : 2 fr.

Idem. **Collection de vignettes faisant partie du cours d'articulation.** Ch. Delagrave. Paris, 1876. Prix : 1 fr.

Idem. **L'enseignement des sourds-muets par la parole articulée.** (Extrait du *Lyon scientifique et industriel.*) H. Georg. Lyon, 1879. Prix : 0 fr. 50.

Idem. **Programme et plan d'études du Pensionnat des sourds-muets de Lyon.** (Extrait du compte-rendu du Congrès universel pour l'amélioration du sort des sourds-muets de Paris. 1878.) Chez l'auteur. Prix : 0 fr. 50.

A. VINGTRINIER. **Les élèves sourds-muets de M. Hugentobler.** (Rapport lu à la Société nationale d'éducation de Lyon.) H. Georg. Lyon, 1878. Prix : 0 fr. 50.

Le pensionnat des sourds-muets pour l'enseignement par la parole, à Lyon. (Procès-verbal de la Société des sciences médicales de Lyon du 18 juin 1879. Prix : 0 fr. 50.

Lyon. — Imp. Rioton, rue de la Barre, 12.

www.ingramcontent.com/pod-product-compliance
Ingram Content Group UK Ltd.
Pitfield, Milton Keynes, MK11 3LW, UK
UKHW020501220726
13923UKWH00006B/2697

9 782019 272722